27
Ln 18340.

FUNÉRAILLES

DE

M. DE SAINTE - CROIX.

DISCOURS

PRONONCÉ, LE 13 MARS 1809,

AUX FUNÉRAILLES

DE

M. DE SAINTE-CROIX.

MEMBRE DE L'INSTITUT DE FRANCE.

PAR M. LE COMTE BOISSY-D'ANGLAS,

Sénateur, Président de la Classe d'histoire et de littérature ancienne de l'Institut, Commandant de la Légion-d'Honneur.

PARIS,

BAUDOUIN, IMPRIMEUR DE L'INSTITUT DE FRANCE.

1809.

INSTITUT DE FRANCE.

DISCOURS

PRONONCÉ AUX FUNÉRAILLES

DE M. DE SAINTE-CROIX.

Messieurs,

L'Institut de France, en rendant à M. de Sainte-Croix, le triste et pénible devoir que nous remplissons envers lui, n'acquitte pas seulement sa propre dette : il déplore une perte publique; et les regrets que je suis chargé d'exprimer, ne sont pas seulement les vôtres; ils sont encore ceux de tous les hommes, dignes d'apprécier de grands travaux, et de révérer de nobles vertus.

Ce n'est pas dans cette enceinte funèbre , où toutes les grandeurs s'évanouissent, où toutes les distinctions sociales disparaissent à jamais, dans l'éternelle nuit de la tombe; où tous les efforts que peut faire encore la vanité pour en conserver quelques faibles traces, sur un marbre aussi périssable qu'elles, ne font que mieux apercevoir la réalité du néant de l'homme : ce n'est pas, dis-je, dans cet asile de la mort , que j'oserai rappeler la naissance de M. de Sainte-Croix, comme un des motifs de vos regrets; si je dis qu'elle fut illustre, c'est pour le louer d'avoir pu échapper malgré cela, à toutes les séductions du rang, à toutes les amorces de l'ambition , à toutes les caresses de la fortune, pour ne suivre que l'instinct de son génie, et d'avoir su préférer à tout l'éclat qu'il pouvait recevoir de ses ayeux, la gloire plus réelle sans doute, dont il pouvait s'honorer lui-même.

Né dans une de ces contrées de la France , où l'œil est incessamment frappé des magnifiques débris d'une grandeur qui, en obéissant à la loi commune, a disparu de dessus la terre, mais dont les immortels souvenirs survivent encore après vingt siècles, pour embraser le cœur et élever l'ame, M. de Sainte-Croix fut entraîné de bonne heure, par l'impérieux desir d'expliquer et de connaître les objets qui frappaient sa vue ; il devint antiquaire à l'aspect des plus beaux monumens de l'antiquité, et historien et érudit comme La Fontaine était devenu poète, comme le Corège était devenu peintre, par une de ces inspirations subites, qui avertissant l'homme de sa force, et lui donnant le secret de son génie, le lancent dans la carrière à laquelle il est destiné par la nature. Bientôt les idiomes anciens, lui devinrent propres comme le nôtre ; bientôt d'immenses recherches, éclairées par le flambeau de la plus saine critique, le guidèrent à travers l'océan des âges, et le rendirent en quelque sorte, le contemporain des siècles passés : bientôt l'antiquité la plus éloignée n'eut plus de mystères pour lui et la nuit des temps plus de ténèbres. L'Europe savante, justement frappée de sa pénétration et de son savoir, le compta avec satisfaction parmi ceux qui devaient ajouter à la masse de ses découvertes. Il était placé jeune encore, au nombre des savans les plus distingués, lorsque cette Académie des Belles-Lettres, dont vous avez recommencé la gloire et continué les travaux, après l'avoir couronné plusieurs fois, se hâta de l'admettre dans son sein; et ce serait presque achever son éloge, que de dire qu'il justifia bientôt pleinement cet honneur dont il s'était montré si jaloux. Assis à côté des hommes les plus habiles et les plus éclairés de notre temps, dont plusieurs l'ont devancé dans la tombe, mais dont quelques-uns, pour le bien des Lettres, honorent encore la troisième classe de l'Institut, M. de Sainte-Croix acquit de nouvelles lumières en échange de celles qu'il communiquait lui-même; son émulation s'en accrut encore, et de nombreux ouvrages vinrent bientôt mettre le sceau à sa renommée.

Mais quelquefois, l'érudition la plus vaste, a pu manquer d'utilité et paraître un faible avantage : il en est d'elle comme de la richesse; c'est moins par son étendue et par sa masse que par son emploi, qu'elle mérite de l'estime. Il ne suffit pas sans doute de recueillir des

faits et des dates, et d'expliquer des monumens, il faut qu'un esprit philosophique
puisse rattacher ensemble les diverses connaissances éparses, les fonder les unes sur
les autres, les guider vers un but commun,
et leur donner une direction utile. Ce fut là
le grand mérite, Messieurs, du confrère que
nous pleurons. Il ne fut pas seulement ad-
mirable par sa pénétration profonde et par
l'étendue de ses lumières; il le fut encore
par l'heureuse application qu'il fit des ré-
sultats de ses travaux: il sut agrandir tout
ce qu'il traita, utiliser tout ce qu'il décou-
vrit; et souvent un sujet qui semblait à peine
suffire à une dissertation de peu d'étendue,
fut pour lui la matière d'un grand ouvrage.
Ainsi, en paraissant ne considérer que les
historiens d'Alexandre, il devint véritablement lui-même l'historien lumineux et pro-
fond, de l'une des plus brillantes époques des
temps anciens, et de l'un des plus grands
hommes de tous les siècles.

L'érudition semblait n'être chez lui, qu'une
qualité secondaire, dont il se servait pour faire
valoir ses autres genres de mérite; et pour
fortifier ou pour étendre, les méditations de

son esprit ; souvent elle s'unit sous sa plume, à de profondes connaissances en économie politique, et dans la science de l'administration et des lois. Ici son génie nous retrace le sort des colonies des anciens peuples : il développe avec une grande méthode, les vrais principes qui doivent régir ces institutions sociales ; et en exposant avec clarté, comment leurs fondateurs les y appliquèrent, il offre à la fois, pour l'avenir, et de mémorables exemples et de judicieuses leçons. Ailleurs il fait renaître l'esprit et le caractère de la religion des Crétois, et l'on croit entendre Montesquieu. Les conditions qui unirent entre eux, d'une manière fédérative, quelques-uns des peuples de la Grèce, sont tracées par son élégante plume, comme par un de nos meilleurs publicistes ; et son livre aurait dû être médité par ceux qui, dans les temps modernes, ont établi dans leur patrie, le même principe de gouvernement. La puissance navale des Anglais, devint aussi l'objet de ses recherches ; et il en écrivit l'histoire, avec autant d'impartialité que de justesse et de profondeur : il semble avoir arraché à cette nation, notre rivale, le secret de sa prospérité ; et donné au patriotisme et au génie les moyens de lui enlever le sceptre, sous lequel elle a trop long-temps, asservi l'empire des mers. Enfin, il a porté un coup-d'œil véritablement philosophique, sur les religions des peuples anciens ; et il a expliqué jusqu'à un certain point, les mystères du paganisme, qui ont donné lieu à tant de systèmes et éveillé tant de conjectures. Déjà, Messieurs, un premier écrit sur une matière aussi curieuse, avait porté de grandes lumières dans cette impénétrable obscurité ; mais tandis que tous les savans de l'Europe applaudissaient à ce travail, que vous-mêmes l'aviez honoré de votre glorieuse approbation, l'infatigable M. de Sainte-Croix s'occupait à le recommencer ; et se livrait à de nouvelles recherches : il avait contenté tout le monde, et lui-même n'était point content. La maladie qui nous l'a ravi l'a forcé d'interrompre cet ouvrage, auquel il consacrait toutes ses veilles, et il est mort en regrettant vivement, de n'avoir pas pu le terminer, suivant le nouveau plan qu'il avait conçu ; afin, disait-il, *de fonder sa gloire sur quelque titre légitime.*

Je ne parlerai pas des nombreux mémoires

insérés dans votre recueil, et dans celui de l'Académie, à laquelle il appartint d'abord; je laisse à une plume plus exercée et plus éloquente que la mienne, à faire connaître à la postérité le nombre et l'étendue de ses titres littéraires; et à acquitter convenablement votre dette: le temps me presse et j'ai encore à vous entretenir de ses vertus; c'est-à-dire, de la portion de lui-même qui mérite le plus de regrets.

Élevé en quelque sorte au milieu de l'antiquité, M. de Sainte-Croix semblait en avoir adopté le noble caractère; et il ne l'avait modifié qu'en lui donnant plus de perfection: on l'eût prit pour un élève du portique, s'il n'avait pas eu autant d'indulgence, et pour un élève de l'école de Platon, s'il avait eu moins de simplicité. Il était austère dans ses mœurs, modeste dans sa conduite, sans autre ambition que celle de la gloire, sans autre passion que celle de la vertu; il n'y avait pas en lui une affection qui ne fût pure, un sentiment qui ne fût généreux; son ame était noble et élevée, son cœur bienfaisant et sensible. Les savans qui le jugeaient par ses ouvrages étaient forcés de

l'admirer, les autres hommes le connais-
saient par les qualités de son cœur, et ils
s'empressaient de le chérir.

Mais, hélas, et il est cruel de le dire, cet
excellent homme, si digne d'estime, de vé-
nération et d'attachement, ne fut pas cons-
tamment heureux ; car la gloire n'est pas le
bonheur, et la renommée pour qui en est
digne, n'est souvent qu'une fatigante pa-
rure : ni l'une ni l'autre ne peuvent guérir
les blessures faites à l'ame, et remplacer
l'inappréciable bonheur, de la vie domestique
et privée : il fut heureux époux sans doute ;
et quand ses yeux se sont fermés pour jamais, sa main défaillante a pu serrer la
main, d'une épouse justement adorée : mais
il fut malheureux comme père : il vit enlever à la fleur de leurs belles années, des
enfans chers à son amour, et l'espérance de
sa vie entière : il en fut inconsolable ; et sa
douleur ne s'est jamais adoucie : il l'expri-
mait à ses amis, avec une sensibilité tou-
chante : *Hélas*, disait-il avec amertume, *je
n'ai peuplé que des tombeaux ; mais je me
console en songeant que j'y descendrai
bientôt moi-même......* Il y est descendu,

Messieurs, environné de tous vos regrets, accompagné de l'estime publique; après avoir rempli dignement sa tâche : il y est descendu avec tout le courage que la philosophie peut inspirer, avec toute la résignation que la religion seule donne : il est mort en sage et en chrétien, deux qualités qui, lorsqu'elles se rencontrent, font que la vie est tranquille, et que sa fin *n'est que le soir d'un beau jour......*

Puisse le ciel, en qui son ame eut une confiance si entière, l'avoir rejoint à tous les objets de son amour; et lui avoir fait trouver dans cette éternité, qui vient de commencer pour lui, le prix de soixante années de vertus !